Nikolaus Boecker

Überführung einer Literaturdatenbank in ein relationales DBMS

Überführung einer Literaturdatenbank in ein relationales DBMS

Nikolaus Boecker

Überführung einer Literaturdatenbank in ein relationales DBMS

GRIN Verlag

Bibliografische Information der Deutschen Nationalbibliothek: Die Deutsche Bibliothek
verzeichnet diese Publikation in der Deutschen Nationalbibliografie; detaillierte bibliografische Daten sind im Internet über http://dnb.d-nb.de/ abrufbar.

1. Auflage 2003
Copyright © 2003 GRIN Verlag
http://www.grin.com/
Druck und Bindung: Books on Demand GmbH, Norderstedt Germany
ISBN 978-3-638-64273-6

Fachhochschule Frankfurt am Main
University of Applied Siences

Fachbereich 3: Wirtschaft und Recht

Programmierarbeit im Studienschwerpunkt

Anwendungen der Wirtschaftsinformatik

Dokumentation zur
Semesteraufgabe
Wirschaftsinformatik IV

Sommersemester 2003

Einreicher:

Nikolaus Boecker

Reinhards

60433 Frankfurt am Main

Inhaltsverzeichnis

1 Aufgabenstellung

Aufgabe dieser Semesterarbeit ist es eine Literaturdatenbank, die bisher in einem speziellen MS-DOS Programm Namens F&A geführt wurde, in ein relationales Datenbank Management System (DBMS) zu übernehmen. Eine Besonderheit von F&A besteht darin, daß es Felder mit Mehrfachwerten verwalten und auswerten kann. Dies ist mit einem DBMS nicht möglich.

```
                           Bibliografie
Biblkurz: HES94A          Bibl.-Typ: A   Select: DISS;BRHU
Autoren: Hesse, W.;Barkow, G.;v. Braun, H.;Kittlaus, H.-B.;Scheschonk, G.
Titel  Terminologie der Softwaretechnik.
       Teil 1: Begriffssystematik und Grundbegriffe
Refkurz :         Herausgeber:
HgTitel


Auflage:
Suchcode         :
Suchbegriffe Datenmodell; Datenbank; Datenbankentwurf;
             Software-Engineering;Software Life Cycle;;Semantik;Datenmodel→
OrtCode: INSPEK
Ort    in: Informatik-Spektrum; Springer-Verlag; Berlin, Heidelberg, New
       York, London, Paris, Tokyo, Hong Kong, Barcelona, Budapest
Jahr : 94   Nummer : 1      Abs_Nummer:      Seite : 39-47
Bem Vorstellung eines fundierten, abgestimmten und konsistenten
Begriffssystems für die Analyse und die Modellierung von Anwendungssystemen.
Teil 1 ist den methodischen und begrifflichen Grundlagen gewidmet.
BIBL DTF        Formular 141    von --     Insgesamt: 280   Seite 1 von 2
```

Screenshot 1 - Screenshot F&A

Screenshot 1 - Screenshot F&A gibt einen Überblick über die in der F&A-Datenbank enthaltenen Felder. Die Felder Select, Autoren, Herausgeber und Suchbegriffe können Aufzählungen enthalten. Diese Aufzählungen müssen für die Übernahme in ein DBMS besonders beachtet werden.

Die F&A-Daten wurden in Form von mehreren ASCII-Dateien zur Verfügung gestellt. Da in MS-DOS ein anderer Zeichensatz verwendet wird, enthielten diese ASCII-Dateien Zeichenfehler

Nachfolgend die genaue Aufgabenstellung:

1. Erstellen Sie ein normalisiertes Datenbankschema für den Anwendungszusammenhang unter SQL. Dokumentieren und begründen Sie Ihre Entwurfsentscheidungen.
   Lösung unter: 3.1 Datenbankschema

2. Implementieren Sie alle Tabellen unter SQL. Beachten Sie dabei die Hinweise zur Qualität eines Datenbankentwurfs.
   Lösung unter: 3.2 Tabellenanlage in SQL

3. Importieren Sie die Daten aus den Exportdateien mit Hilfe der Importschnittstelle des von Ihnen benutzten DBMS. Eine vorher fällige Aufbereitung der Daten – z.B. Ersatz der Sonderzeichen durch die richtigen Umlaute – kann mit Hilfe eines Texteditors – z.B. Winword – erfolgen. Eine manuelle Eingabe der Daten kann nur ggf. bei der Zuordnung von Stichworten und Autoren zu einer Veröffentlichung akzeptiert werden. Erläutern Sie die von Ihnen gewählte Strategie der Datenübernahme in allen Punkten.
Lösung unter: 3.3 Datenübernahme

4. Erstellen Sie eine Abfrage unter SQL, in der die Titel mit Angaben zu Autoren, ggf. Herausgebern und sonstigen bibliographischen Angaben, wie man sie für ein Literaturverzeichnis benötigt.
Lösung unter: 3.4 Abfragen

5. Erstellen Sie eine Abfrage, mit der sie alle Veröffentlichungen ausgeben, an denen August-Wilhelm Scheer beteiligt ist.
Lösung unter: 3.4 Abfragen

6. Erstellen Sie eine Abfrage, die die Anzahl der Veröffentlichungen ausgibt, die zum Stichwort "Geschäftsprozeß" vorhanden sind.
Lösung unter: 3.4 Abfragen

2 Arbeitsumgebung

Zur Lösung der Aufgabenstellung wurde ein Intel Pentium Rechner mit Windows XP Professional als Betriebssystem verwendet. Als DBMS wurde Microsoft SQL Server 2000 eingesetzt. Für die Durchführung der SQL-Befehle wurde der SQL Query Analyser genutzt, der Bestandteil von Microsoft SQL Server 2000 ist. Die ASCII-Dateien wurden mit Microsoft Excel aufbereitet und als txt-Dateien mit Tabstops als Spaltenbegrenzer weiterverarbeitet.

3 Die Datenbank

3.1 Datenbankschema

Die Datei BIBL.ASC enthält sämtliche Daten, die in der F&A-Datenbank enthalten sind. Ein Datensatz (Tupel) besteht aus den Feldern:

biblkurz, bibltyp, select, autoren, titel, refkurz, herausgeber, hgtitel, auflage, suchcode, suchbegriffe, ortcode, ort, jahr, nummer, absnr, seite, bemerkungen

3.1.1 Normalisierung

Um Redundanz zu vermeiden und die Konsistenz zu sichern, müssen die Daten aus der F&A-Datenbank normalisiert werden.

Als Schlüssel wurde titel zusammen mit biblkurz gewählt, da sowohl titel als auch biblkurz allein nicht zur Eindeutigen Identifizierung eines Tupels ausreichen. Die Felder select, autoren, herausgeber und suchbegriffe können eine Aufzählung entsprechender Begriffe enthalten und sich darüber hinaus auch wiederholen. Ebenfalls mehrfach in der Datenbank enthalten sein können die Inhalte der Felder refkurz, hgtitel, ort. Da diese Felder direkt vom Schlüssel titel, biblkurz abhängen müssen sie, um der Normalisierung zu genügen in gesonderte Tabellen ausgelagert werden. Nach dem Abschluß der Normalisierung ergibt sich folgendes ERM.

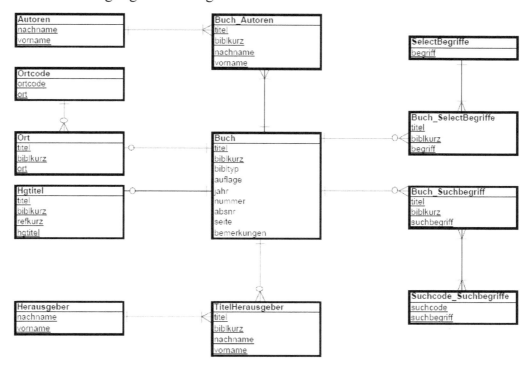

Abbildung 1 – ERM

3.2 Tabellenanlage in SQL

Nach der Normalisierung und dem Anlegen der SQL-Server Datenbank über den SQL Query Analyser mit dem Befehl (aus Datenbank_anlegen.sql)

```
CREATE DATABASE Bibliothek
GO
```

werden die Relationen mit den folgenden SQL-Codes (zu finden in Tabellen_anlegen.sql) angelegt. Bei der ausführung der SQL-Codes ist zu Beachten, daß der SQL Query Analyser immer mit der Datenbank Bibliothek arbeitet, da es sonst zu Fehlermeldungen kommt. Neben den unter 3.1.1 aufgeführten Tabellen werden mit dem SQL-Code auch Tabellen angelegt, die

benötigt werden, um die von F&A zur Verfügung gestellten Daten zu importieren und auf die Relationen der neu angelegten Datenbank zu verteilen. Die Namen der Relationen, die für den Import und nicht für die spätere Datenbank benötigt werden, beginnen mit "Org_".

Insgesamt werden folgende Relationen angelegt:

    Org_Autoren
    Org_NurAutoren
    Org_NurAutoren2
    Org_Bibl
    Org_Stichw
    Org_Stich
    Org_Titel_Autor
    Buch
    Autoren
    Buch_Autoren
    OrtCode
    Ort
    Herausgeber
    Org_Herausgeber
    Hgtitel
    TitelHerausgeber
    SelectBegriffe
    Buch_SelectBegriffe
    Suchcode_Suchbegriff
    Buch_Sichbegriff

```
1   CREATE TABLE Bibliothek.dbo.Org_Autoren (
2   autor          VARCHAR(100)    NOT NULL,
3   biblkurz       VARCHAR(10)     NOT NULL );

4   CREATE TABLE Bibliothek.dbo.Org_NurAutoren (
5   nachname       VARCHAR(100)    NOT NULL,
6   vorname        VARCHAR(20)     NOT NULL,
7   biblkurz       VARCHAR(10)     NOT NULL );

8   CREATE TABLE Bibliothek.dbo.Org_NurAutoren2 (
9   nachname       VARCHAR(100)    NOT NULL,
10  vorname        VARCHAR(20)     NOT NULL );

11  CREATE TABLE Bibliothek.dbo.Org_Bibl (
12  biblkurz       VARCHAR(10)     NOT NULL,
13  bibltyp        VARCHAR(1)      NOT NULL,
14  tselect        VARCHAR(20)     NOT NULL,
15  autoren        VARCHAR(100)    NOT NULL,
16  titel          VARCHAR(100)    NOT NULL,
17  refkurz        VARCHAR(10)     NOT NULL,
18  herausgeber    VARCHAR(100)    NOT NULL,
19  hgtitel        VARCHAR(100)    NOT NULL,
20  auflage        VARCHAR(25)     NOT NULL,
21  suchcode       VARCHAR(10)     NOT NULL,
22  suchbegriffe   VARCHAR(100)    NOT NULL,
23  ortcode        VARCHAR(10)     NOT NULL,
24  ort            VARCHAR(100)    NOT NULL,
25  jahr           INT,
26  nummer         INT,
27  absnr          VARCHAR(20)     NOT NULL,
28  seite          VARCHAR(20)     NOT NULL,
29  bemerkungen    VARCHAR(500)    NOT NULL );

30  CREATE TABLE Bibliothek.dbo.Org_Stichw (
31  stichwort      VARCHAR(50)     NOT NULL );
```

```
32   CREATE TABLE Bibliothek.dbo.Org_Stich (
33   suchcode        VARCHAR(15)      NOT NULL PRIMARY KEY,
34   suchbegriffe    VARCHAR(100)     NOT NULL );

35   CREATE TABLE Bibliothek.dbo.Org_Titel_Autor (
36   autor           VARCHAR(100)     NOT NULL,
37   biblkurz        VARCHAR(10)      NOT NULL,
38   titel           VARCHAR(100)     NOT NULL,
39   CONSTRAINT Org_Titel_Autor_Pkey PRIMARY KEY (autor, biblkurz, titel) );
```

In die in diesem Teil angelegten Relationen werden unter Punkt 3.3 mit Inhalten gefüllt. Da die ursprünglich zur Verfügung gestellten Daten noch nicht normalisiert sind besitzen diese Importtabellen i. d. R. keinen Primärschlüssel oder Fremdschlüssel.

```
40   CREATE TABLE Bibliothek.dbo.Buch (
41   titel           VARCHAR(100)     NOT NULL,
42   biblkurz        VARCHAR(10)      NOT NULL,
43   bibltyp         VARCHAR(1)       NOT NULL,
44   auflage         VARCHAR(25)      NOT NULL,
45   jahr            INT,
46   nummer          INT,
47   absnr           VARCHAR(20)      NOT NULL,
48   seite           VARCHAR(20)      NOT NULL,
49   bemerkungen     VARCHAR(500)     NOT NULL,
50   CONSTRAINT Buch_Pkey PRIMARY KEY (titel, biblkurz) );
```

Die Relation Buch enthält sämtliche Werte, die direkt vom Schlüssel titel, biblkurz abhängen und für die es je Schlüsselwert nur einen Wert gibt.

```
51   CREATE TABLE Bibliothek.dbo.Autoren (
52   nachname        VARCHAR(100)     NOT NULL,
53   vorname         VARCHAR(20)      NOT NULL,
54   CONSTRAINT autoren_key PRIMARY KEY (nachname, vorname) );
```

Autoren enthält sämtliche Autoren mit ihren Nach- und Vorname. Um doppelte Einträge zu vermeiden und ein Tupel eindeutig identifizieren zu können muß der Schlüssel aus nachname und vorname bestehen.

```
55   CREATE TABLE Bibliothek.dbo.Buch_Autoren (
56   titel           VARCHAR(100)     NOT NULL,
57   biblkurz        VARCHAR(10)      NOT NULL,
58   nachname        VARCHAR(100)     NOT NULL,
59   vorname         VARCHAR(20)      NOT NULL,
60   CONSTRAINT Buch_Autoren_key PRIMARY KEY (titel, biblkurz, nachname, vorname),
61   CONSTRAINT Buch_Autoren_Buch_Fkey FOREIGN KEY (titel, biblkurz) REFERENCES
        Bibliothek.dbo.Buch(titel, biblkurz) ON DELETE CASCADE ON UPDATE CASCADE,
62   CONSTRAINT Buch_Autoren_Autoren_Fkey FOREIGN KEY (nachname, vorname) REFERENCES
        Bibliothek.dbo.Autoren(nachname, vorname) ON DELETE CASCADE ON UPDATE CASCADE );
```

Die Relation Buch_Autoren stellt die Verbindung zwischen den Relationen Buch und Autoren dar. In ihre werden sämtlich titel, biblkurz Kombinationen aus Buch mit den zu ihnen gehörenden Nach- und Vornamen der Autoren zusammengebracht. Der Schlüssel besteht aus den vier Werten titel, biblkurz, nachname und vorname, da titel, biblkurz sich wiederholen kann, allerdings dann nur mit einer neuen Kombination von nachname, vorname. Über die beiden Foreigns Keys werden die Beziehungen von Buch_Autoren zu Buch und Autoren hergestellt.Das Vorgehen für die Relationen Autoren und Buch_Autoren wurde analog zu den anderen Relationen angewandt und durch den nachfolgenden SQL-Code abgebildet.

6

```
63  CREATE TABLE Bibliothek.dbo.OrtCode (
64  ortcode         VARCHAR(10)      NOT NULL,
65  ort             VARCHAR(250)     NOT NULL,
66  CONSTRAINT OrtCode_Pkey PRIMARY KEY (ortcode, ort) );

67  CREATE TABLE Bibliothek.dbo.Ort (
68  titel           VARCHAR(100)     NOT NULL,
69  biblkurz        VARCHAR(10)      NOT NULL,
70  ortcode         VARCHAR(10)      NOT NULL,
71  ort             VARCHAR(250)     NOT NULL,
72  CONSTRAINT Ort_Pkey PRIMARY KEY (titel, biblkurz, ortcode, ort),
73  CONSTRAINT Ort_Buch_Fkey FOREIGN KEY (titel, biblkurz) REFERENCES Bibliothek.dbo.Buch
    (titel,biblkurz) ON DELETE CASCADE ON UPDATE CASCADE );

74  CREATE TABLE Bibliothek.dbo.Herausgeber (
75  nachname        VARCHAR(100)     NOT NULL,
76  vorname         VARCHAR(20)      NOT NULL,
77  CONSTRAINT herausgeber_Pkey PRIMARY KEY (nachname, vorname)
78  );

79  CREATE TABLE Bibliothek.dbo.Org_Herausgeber (
80  refkurz         VARCHAR(10)      NOT NULL,
81  hg              VARCHAR(100)     NOT NULL,
82  hgtitel         VARCHAR(100)     NOT NULL,
83  CONSTRAINT Org_Herausgeber_Pkey PRIMARY KEY (refkurz, hg, hgtitel) );

84  CREATE TABLE Bibliothek.dbo.Hgtitel (
85  titel           VARCHAR(100) NOT NULL,
86  biblkurz        VARCHAR(10)      NOT NULL,
87  refkurz         VARCHAR(10)      NOT NULL,
88  hgtitel         VARCHAR(100)     NOT NULL,
89  CONSTRAINT Hgtitel_Pkey PRIMARY KEY (titel, biblkurz, refkurz, hgtitel),
90  CONSTRAINT HgTitel_Buch_Fkey FOREIGN KEY (titel, biblkurz)
91  REFERENCES Bibliothek.dbo.Buch (titel, biblkurz) ON DELETE CASCADE ON UPDATE CASCADE );

92  CREATE TABLE Bibliothek.dbo.TitelHerausgeber (
93  titel           VARCHAR(100)     NOT NULL,
94  biblkurz        VARCHAR(10)      NOT NULL,
95  nachname        VARCHAR(100)     NOT NULL,
96  vorname         VARCHAR(20)      NOT NULL,
97  CONSTRAINT Hgherausgeber_Pkey PRIMARY KEY (titel, biblkurz, nachname, vorname),
98  CONSTRAINT Hgherausgeber_Buch_Fkey FOREIGN KEY (titel, biblkurz) REFERENCES Bibliothek.dbo.Buch
    (titel, biblkurz) ON DELETE CASCADE ON UPDATE CASCADE,
99  CONSTRAINT Hgherausgeber_Herausgeber_Fkey FOREIGN KEY (nachname, vorname) REFERENCES
    Bibliothek.dbo.Herausgeber (nachname, vorname) ON DELETE CASCADE ON UPDATE CASCADE );

100 CREATE TABLE Bibliothek.dbo.SelectBegriffe (
101 begriff         VARCHAR(10)      NOT NULL,
102 CONSTRAINT SelectBegriffe_Pkey PRIMARY KEY (begriff) );

103 CREATE TABLE Bibliothek.dbo.Buch_SelectBegriffe (
104 titel           VARCHAR(100)     NOT NULL,
105 biblkurz        VARCHAR(10)      NOT NULL,
106 begriff         VARCHAR(10)      NOT NULL,
107 CONSTRAINT Buch_SelectBegriffe_Pkey PRIMARY KEY (titel, biblkurz, begriff),
108 CONSTRAINT Buch_SelectBegriffe_Buch_Fkey FOREIGN KEY (titel, biblkurz) REFERENCES
    Bibliothek.dbo.Buch (titel, biblkurz) ON DELETE CASCADE ON UPDATE CASCADE,
109 CONSTRAINT Buch_SelectBegriffe_SelectBegriffe FOREIGN KEY (begriff) REFERENCES
    Bibliothek.dbo.SelectBegriffe (begriff) ON DELETE CASCADE ON UPDATE CASCADE );

110 CREATE TABLE Bibliothek.dbo.Suchcode_Suchbegriff (
111 suchcode        VARCHAR(15)      NOT NULL,
112 suchbegriff     VARCHAR(50)      NOT NULL,
113 CONSTRAINT Suchcode_Suchbegriff_Pkey PRIMARY KEY (suchcode, suchbegriff) );

114 CREATE TABLE Bibliothek.dbo.Buch_Suchbegriff (
115 titel           VARCHAR(100)     NOT NULL,
116 biblkurz        VARCHAR(10)      NOT NULL,
117 suchbegriff     VARCHAR(50)      NOT NULL,
118 CONSTRAINT Buch_Suchbegriff_Pkey PRIMARY KEY (titel, biblkurz, suchbegriff),
119 CONSTRAINT Buch_Suchbegriff_Buch_Fkey FOREIGN KEY (titel, biblkurz) REFERENCES Buch (titel,
    biblkurz) ON DELETE CASCADE ON UPDATE CASCADE );
120 GO
```

3.3 Datenübernahme

Nachdem unter 3.2 die benötigten Relationen angelegt wurden, kommen wir nun zum Import der zur Verfügung gestellten Daten. Der folgende SQL-Code ist in der Datei Daten_importieren.sql enthalten.

Bevor die Daten in die Relationen importiert werden können, mußten sie überarbeitet werden. Ursprünglich mit der Aufgabenstellung mitgeliefert wurden die Dateien bibl.asc, eort.asc, stich.asc, art_such.lst, autoren.lst und stichw.lst. Bei der Überarbeitung der Dateien wurden Codezeichenfehler entfernt und die Dateien als txt-Dateien mit Tabstops als Spaltentrennzeichen und Zeilenrücklauf als Zeilentrennzeichen gesichert. Für die Datenübernahme mit dem nachfolgenden SQL-Code müssen sich die Dateien im Verzeichnis „Daten" auf dem Laufwerk C befinden. Bei der Überarbeitung wurden noch zusätzliche Dateien (autoren.txt, autoren2.txt, herausgeber.txt) angelegt, in denen beispielsweise die Vor- und Nachname der Autoren und Herausgeber in eigenen Spalten geführt werden. Ebenso wurde eine Datei (Select.txt) angelegt, die die in der Relation Org_Bibl vorkommenden Werte der Spalte tselect enthält. Da der Aufbau dieser Zeile nicht automatisch möglich war, geschah dies von Hand. Die Datei herausgeber.txt wurde ebenfalls von Hand erstellt, da nicht wie bei den Autoren eine Liste aller Herausgeber vorhanden war. Der Import erfolgt mit dem BULK INSERT ... FROM Befehl.

```
1   BULK INSERT Bibliothek.dbo.Org_Autoren
2   FROM 'C:\Daten\Autoren.txt'
3   WITH (
4   CODEPAGE = 'ACP',
5   FIELDTERMINATOR = '\t',
6   ROWTERMINATOR = '\n',
7   KEEPNULLS );

8   BULK INSERT Bibliothek.dbo.Org_NurAutoren
9   FROM 'C:\Daten\Autoren2.txt'
10  WITH (
11    CODEPAGE = 'ACP',
12    FIELDTERMINATOR = '\t',
13    ROWTERMINATOR = '\n',
14    KEEPNULLS );

15  INSERT INTO Bibliothek.dbo.Org_NurAutoren2
16    SELECT DISTINCT Bibliothek.dbo.Org_NurAutoren.nachname, Bibliothek.dbo.Org_NurAutoren.vorname
17    FROM Bibliothek.dbo.Org_NurAutoren;
```

Das einfügen in Org_NurAutoren2 erfolgte hier per SQL-Befehl, um so viele Schritte wie möglich zu automatisieren. Ansonsten hätte man aus der Datei autoren2.txt per Hand die Spalte biblkurz entfernen müssen.

```
18  BULK INSERT Bibliothek.dbo.Org_Bibl
19  FROM 'C:\DATEN\BIBL.TXT'
20  WITH (
21    CODEPAGE = 'ACP',
22    FIELDTERMINATOR = '\t',
23    ROWTERMINATOR = '\n',
24    KEEPNULLS );
```

```
25  DELETE  FROM Bibliothek.dbo.Org_Bibl WHERE Bibliothek.dbo.Org_Bibl.titel =" AND
    Bibliothek.dbo.Org_Bibl.autoren =";
```

Obwohl in der Datei bibl.txt keine leeren Datensätze enthalten sind, fügte SQL Server 2000 immer einen leeren Datensatz beim Import in die Relation Org_Bibl ein. Mit dem Delete-Befehl werden Zeilen aus Org_Bibl entfernt, die in den Spalten titel und autoren keine Werte enthalten, um den ebengenannten Importfehler zu korrigieren.

```
26  BULK INSERT Bibliothek.dbo.Org_Stichw
27  FROM 'C:\Daten\stichw.txt'
28  WITH (
29      CODEPAGE = 'ACP',
30      FIELDTERMINATOR = '\t',
31      ROWTERMINATOR = '\n',
32      KEEPNULLS );

33  BULK INSERT Bibliothek.dbo.Org_Stich
34  FROM 'C:\DATEN\STICH.TXT'
35  WITH (
36      CODEPAGE = 'ACP',
37      FIELDTERMINATOR = '\t',
38      ROWTERMINATOR = '\n',
39      KEEPNULLS );

40  BULK INSERT Bibliothek.dbo.Herausgeber
41  FROM 'C:\DATEN\HERAUSGEBER.TXT'
42  WITH (
43      CODEPAGE = 'ACP',
44      FIELDTERMINATOR = '\t',
45      ROWTERMINATOR = '\n',
46      KEEPNULLS );

47  BULK INSERT Bibliothek.dbo.SelectBegriffe
48  FROM 'C:\DATEN\SELECT.TXT'
49  WITH (
50      CODEPAGE = 'ACP',
51      FIELDTERMINATOR = '\t',
52      ROWTERMINATOR = '\n',
53      KEEPNULLS );

54  BULK INSERT Bibliothek.dbo.OrtCode
55  FROM 'C:\DATEN\ORT.TXT'
56  WITH (
57      CODEPAGE = 'ACP',
58      FIELDTERMINATOR = '\t',
59      ROWTERMINATOR = '\n',
60      KEEPNULLS );
```

Nachdem sämtliche zur Verfügung stehenden Daten per SQL in die Relationen importiert wurden, werden die noch brachliegenden Relationen über die nachfolgenden Insert into-Befehle mit Werten gefüllt. Dazu werden einfach die benötigten Spalten kopiert. Teilweise auch mit Bedingungen, die in einer Where-Klausel festgeschrieben sind. Beispielsweise wird bei der INSERT INTO-Anweisung in Zeile 4-7 für die Relation Org_Titel_Autor eine solche Where-Klausel genutzt. Durch diese Klausel werden die Werte der Spalte autoren in der Relation Org_Bibl durchsucht und nur dann die Werte autor, biblkurz und titel in Org_Titel_Autor eingefügt, wenn der Wert der Spalte autor aus der Relation Org_Autoren im Wert der Spalte Org_Bibl.autor enthalten ist.

Selbiges wiederholt sich in angepaßter Art und Weise bei den Insert-Anweisungen für die Relationen Buch_Autoren, TitelHerausgeber, Buch_SelectBegriffe, Suchcode_Suchbegriff und Buch_Suchbegriff.

```
1    INSERT INTO Bibliothek.dbo.Autoren
2       SELECT DISTINCT nachname, vorname
3       FROM Bibliothek.dbo.Org_NurAutoren;

4    INSERT INTO Bibliothek.dbo.Org_Titel_Autor
5       SELECT DISTINCT Org_Autoren.autor, Org_Bibl.biblkurz, Org_Bibl.titel
6       FROM Bibliothek.dbo.Org_Autoren CROSS JOIN Bibliothek.dbo.Org_Bibl
7       WHERE (LOWER(Bibliothek.dbo.Org_Bibl.autoren) LIKE '%' + LOWER(Bibliothek.dbo.Org_Autoren.autor)
        + '%');

8    INSERT INTO Bibliothek.dbo.Buch
9       SELECT titel, biblkurz, bibltyp, auflage, jahr, nummer, absnr, seite, bemerkungen
10      FROM Bibliothek.dbo.Org_Bibl;

11   INSERT INTO Bibliothek.dbo.Buch_Autoren
12      SELECT DISTINCT Org_Titel_Autor.titel, Org_Titel_Autor.biblkurz, Autoren.nachname, Autoren.vorname
13      FROM Bibliothek.dbo.Autoren CROSS JOIN Bibliothek.dbo.Org_Titel_Autor
14      WHERE LOWER(Org_Titel_Autor.autor) LIKE '%' + LOWER(Autoren.nachname) + '%' + Autoren.vorname +
        '%';

15   INSERT INTO Bibliothek.dbo.Ort
16      SELECT DISTINCT Org_Bibl.titel, Org_Bibl.biblkurz, Org_Bibl.ortcode, Org_Bibl.ort
17      FROM Bibliothek.dbo.Org_Bibl;

18   INSERT INTO Bibliothek.dbo.Org_Herausgeber
19      SELECT DISTINCT refkurz, herausgeber, hgtitel
20      FROM Bibliothek.dbo.Org_Bibl;

21   INSERT INTO Bibliothek.dbo.Hgtitel
22      SELECT  titel, biblkurz, refkurz, hgtitel
23      FROM Bibliothek.dbo.org_bibl
24      WHERE refkurz <> '' OR hgtitel <> '';

25   INSERT INTO Bibliothek.dbo.TitelHerausgeber
26      SELECT DISTINCT Org_bibl.titel, Org_bibl.biblkurz, Herausgeber.nachname, Herausgeber.vorname
27      FROM Bibliothek.dbo.Herausgeber CROSS JOIN Bibliothek.dbo.Org_Bibl
28      WHERE LOWER(Org_Bibl.herausgeber) LIKE '%' + LOWER(Herausgeber.nachname) + '%' +
        LOWER(Herausgeber.vorname) + '%';

29   INSERT INTO Bibliothek.dbo.Buch_SelectBegriffe
30      SELECT titel, biblkurz, begriff
31      FROM Bibliothek.dbo.Org_Bibl CROSS JOIN Bibliothek.dbo.SelectBegriffe
32      WHERE LOWER(Org_Bibl.tselect) LIKE '%' + LOWER(SelectBegriffe.Begriff) + '%';

33   INSERT INTO Bibliothek.dbo.Suchcode_Suchbegriff
34      SELECT DISTINCT Org_Stich.suchcode, Org_Stichw.stichwort
35      FROM Bibliothek.dbo.Org_Stichw CROSS JOIN Bibliothek.dbo.Org_Stich
36      WHERE LOWER(Org_Stich.suchbegriffe) LIKE '%' + LOWER(Org_Stichw.stichwort) + '%';

37   INSERT INTO Bibliothek.dbo.Buch_Suchbegriff
38      SELECT DISTINCT Org_Bibl.titel, Org_Bibl.biblkurz, Org_Stichw.stichwort
39      FROM Bibliothek.dbo.Org_Stichw CROSS JOIN Bibliothek.dbo.Org_Bibl
40      WHERE LOWER(Org_Bibl.suchbegriffe) LIKE '%' + LOWER(Org_Stichw.stichwort) + '%';
```

3.4   Abfragen

Unter den Aufgabenpunkten 4, 5 und 6 wird jeweils eine Abfrage verlangt, die sämtliche bibliographischen Daten ausgibt. Da ein DBMS nicht mit Aufzählungen arbeiten kann, führt eine Abfrage, die die in Abbildung 1 – ERM dargestellten Relationen verknüpft und die zusammengehörenden Spaltenwerte ausgibt dazu, daß beispielsweise bei einem Eintrag, der von 2 Autoren geschrieben wurde bereits 2 Zeilen als Ergebnis ausgegeben werden. Bei mehr

oder weniger Autoren entsprechend mehr oder weniger. Diese Zahl der Zeilen multipliziert sich dann allerdings beispielsweise auch wieder mit der Anzahl der Suchbegriffe und dann wiederum mit der Anzahl der Herausgeber usw. Wie man sieht führt eine solche im Prinzip recht einfache Abfrage dazu, daß man schnelle eine Ausgabe von einigen hundert oder auch tausend Zeilen erhält, was nicht unbedingt das ist was man sich als Ausgabe wünscht. Ganz abgesehen davon, daß es einige Zeit dauern kann bis eine solche Abfrage vom DBMS abgearbeitet ist. Um die Aufgaben 4 bis 6 zu lösen wird zuerst die View „Bibliothek" erstellt (siehe Sichten_biliothek.sql), die sämtliche Angaben enthält, die in der Datenbank enthalten sind.

```
CREATE VIEW Bibliothek
AS
SELECT a.biblkurz, a.bibltyp, a.titel, b.nachname + ',' + b.vorname AS Autor, d.refkurz, d.hgtitel, c.nachname + ' ' +
c.vorname AS Herausgeber, a.auflage, e.suchbegriff, f.ort, a.jahr, a.nummer, a. absnr, a.seite, a.bemerkungen
FROM Buch AS a
LEFT OUTER JOIN Bibliothek.dbo.Buch_Autoren AS b
  ON (a.biblkurz = b.biblkurz AND a.titel = b.titel)
LEFT OUTER JOIN Bibliothek.dbo.TitelHerausgeber AS c
  ON (a.biblkurz = c.biblkurz AND a.titel = c.titel)
LEFT OUTER JOIN Bibliothek.dbo.Hgtitel AS d
  ON (a.biblkurz = d.biblkurz AND a.titel = d.titel)
LEFT OUTER JOIN Bibliothek.dbo.Buch_Suchbegriff AS e
  ON (a.biblkurz = e.biblkurz AND a.titel = e.titel)
LEFT OUTER JOIN Bibliothek.dbo.Ort AS f
  ON (a.biblkurz = f.biblkurz AND a.titel = f.titel)
```

Bei der Abfrage (Abfrage_alles_lang.sql) erhält man als Ergebnis eine Ausgabe mit 2324 Zeilen, die darüber hinaus auch recht unübersichtlich ist.

Screenshot 2 - Ergebnis der Abfrage Abfrage_alles_lang.sql

Für die Aufgaben 5 und 6 wird dann die Abfrage Bibliothek, die eben erstellt wurde, mit einem einfachen Select-Befehl durchsucht und die Ergebnisse durch eine Where-Klausel gefiltert.

Aufgabe 5 (Abfrage_scheer_lang.sql):

```
select   from Bibliothek
where  LOWER(autor) LIKE '%scheer%' AND LOWER(autor) LIKE '%a.-w.%')
OR (LOWER(herausgeber) LIKE '%scheer%' AND LOWER(herausgeber) LIKE '%a.-w.%')
```

	biblkurz	bibltyp	titel	Autor	refkurz	hgtitel	Herausgeber
1	Sche92	B	Architektur integrierter In...	Scheer, A.-W.	NULL	NULL	NULL
2	Sche92	B	Architektur integrierter In...	Scheer, A.-W.	NULL	NULL	NULL
3	Sche92	B	Architektur integrierter In...	Scheer, A.-W.	NULL	NULL	NULL
4	Sche92	B	Architektur integrierter In...	Scheer, A.-W.	NULL	NULL	NULL
5	Sche92	B	Architektur integrierter In...	Scheer, A.-W.	NULL	NULL	NULL
6	SEE91A	B	Architektur integrierter In...	Scheer, A.-W.	NULL	NULL	NULL
7	SEE91A	B	Architektur integrierter In...	Scheer, A.-W.	NULL	NULL	NULL
8	SEE91A	B	Architektur integrierter In...	Scheer, A.-W.	NULL	NULL	NULL
9	SEE91A	B	Architektur integrierter In...	Scheer, A.-W.	NULL	NULL	NULL
10	SEE91A	B	Architektur integrierter In...	Scheer, A.-W.	NULL	NULL	NULL
11	HAR91	A	Datenstrukturierung - Grund...	Scheer, A.-W.	NULL	NULL	NULL
12	HAR91	A	Datenstrukturierung - Grund...	Scheer, A.-W.	NULL	NULL	NULL
13	HAR91	A	Datenstrukturierung - Grund...	Scheer, A.-W.	NULL	NULL	NULL
14	HAR91	A	Datenstrukturierung - Grund...	Scheer, A.-W.	NULL	NULL	NULL
15	HAR91	A	Datenstrukturierung - Grund...	Scheer, A.-W.	NULL	NULL	NULL
16	HAR93B	A	Entwicklungslinien für die ...	Scheer, A.-W.	NULL	NULL	NULL
17	HEI89	A	Entwurfsentscheidungen bei ...	Heilmann, H.		Interaktive betriebswirtsch...	Scheer A.-W. (Hg.
18	HEI89	A	Entwurfsentscheidungen bei ...	Heilmann, H.		Interaktive betriebswirtsch...	Scheer A.-W. (Hg.
19	HEI89	A	Entwurfsentscheidungen bei ...	Heilmann, H.		Interaktive betriebswirtsch...	Scheer A.-W. (Hg.
20	HEI89	A	Entwurfsentscheidungen bei ...	Heilmann, H.		Interaktive betriebswirtsch...	Scheer A.-W. (Hg.
21	HEI89	A	Entwurfsentscheidungen bei ...	Heilmann, H.		Interaktive betriebswirtsch...	Scheer A.-W. (Hg.
22	SEE90A	A	Modellierung betriebswirtsc...	Scheer, A.-W.	NULL	NULL	NULL
23	SEE90A	A	Modellierung betriebswirtsc...	Scheer, A.-W.	NULL	NULL	NULL
24	SEE90A	A	Modellierung betriebswirtsc...	Scheer, A.-W.	NULL	NULL	NULL

Raster Meldungen

Abfragebatch abgeschlossen.   Nikolaus-laptop (8.0) NIKOLAUS-LAPTOP\Nikolaus (51) Bibliothek 0:00:00   35 Zeilen Zeile 1, Spalte 1

Screenshot 3 - Ergebnis der Abfrage Abfrage_scheer_lang.sql

Aufgabe 6 (Abfrage_geschaeftsprozess_lang.sql):

```
select   from Bibliothek
where LOWER(suchbegriff) LIKE '%geschäftsprozeß%'
```

	biblkurz	bibltyp	titel	Autor	refkurz	hgtitel	Herausgeber	auflage	suchb
1	KAP94	A	Applying Active Concepts to...	Kappel, G.	NULL	NULL	NULL		Gesch
2	KAP94	A	Applying Active Concepts to...	Rausch-Schott, S.	NULL	NULL	NULL		Gesch
3	KAP94	A	Applying Active Concepts to...	Retschitzegger, W.	NULL	NULL	NULL		Gesch
4	IDS00m	B	ARIS Methode Version 5	IDS Scheer,	NULL	NULL	NULL	Mai 2000 Auflage	Gesch
5	WoRe96	A	Automatisierung von Funktio...	Rebel, T.	NULL	NULL	NULL		Gesch
6	WoRe96	A	Automatisierung von Funktio...	Wolf, S.	NULL	NULL	NULL		Gesch
7	MyBe00	A	Business modelling and simu...	Bean, M.	NULL	NULL	NULL		Gesch
8	MyBe00	A	Business modelling and simu...	Myrtveit, M.	NULL	NULL	NULL		Gesch
9	FeSi95	A	Der Ansatz des Semantischen...	Ferstl, O	NULL	NULL	NULL		Gesch
10	FeSi95	A	Der Ansatz des Semantischen...	Sinz, E.	NULL	NULL	NULL		Gesch
11	DeGS95	A	Der FUNSOFT-Ansatz zum inte...	Deiters, W.	NULL	NULL	NULL		Gesch
12	DeGS95	A	Der FUNSOFT-Ansatz zum inte...	Gruhn, V.	NULL	NULL	NULL		Gesch
13	DeGS95	A	Der FUNSOFT-Ansatz zum inte...	Striemer, R.	NULL	NULL	NULL		Gesch
14	Ortn98	A	Ein Multipfad-Vorgehensmode...	Ortner, E.	NULL	NULL	NULL		Gesch
15	RaME95	A	Ein Werkzeug zur Analyse un...	Enders, W.	NULL	NULL	NULL		Gesch
16	RaME95	A	Ein Werkzeug zur Analyse un...	Morschheuser, S	NULL	NULL	NULL		Gesch
17	RaME95	A	Ein Werkzeug zur Analyse un...	Raufer, H.	NULL	NULL	NULL		Gesch
18	Sinz95	A	Geschäftsprozessmodellierung	Sinz, E.	NULL	NULL	NULL		Gesch
19	BEC95	A	Geschäftsprozeßmodellierung...	Becker, J.	NULL	NULL	NULL		Gesch
20	BEC95	A	Geschäftsprozeßmodellierung...	Vossen, G.	NULL	NULL	NULL		Gesch
21	TaCN95	A	Geschäftsprozessoptimierung...	Cilek, P.	NULL	NULL	NULL		Gesch
22	TaCN95	A	Geschäftsprozessoptimierung...	Natter, M.	NULL	NULL	NULL		Gesch
23	TaCN95	A	Geschäftsprozessoptimierung...	Taudes, A.	NULL	NULL	NULL		Gesch
24	Mein95	A	Geschäftsprozessorientierte...	Meinhardt, S.	NULL	NULL	NULL		Gesch

Raster Meldungen

Abfragebatch abgeschlossen.   Nikolaus-laptop (8.0) NIKOLAUS-LAPTOP\Nikolaus (51) Bibliothek 0:00:00   66 Zeilen Zeile 1, Spalte 1

Screenshot 4 - Ergebnis der Abfrage Abfrage_geschaeftsprozess_lang.sql

Die Ergebnisse der Abfragen zu den Aufgaben 4-6 sind in den Dateien

- Abfrage_alles_lang.csv,

- Abfrage_scheer_lang.csv und

- Abfrage_geschaeftsprozess_lang.csv

zu finden, die sich alle auf der dieser Dokumentation beiliegenden CD befinden und problemlos mit Excel betrachtet werden können.

3.4.1 Ein optisch schöneres Abfrageergebnis

Da die Bildschirmausgaben der Abfragen unter 3.4 optisch recht unübersichtlich sind, erscheint mir in meinen Augen eine Möglichkeit die Werte, die zusammengehören zusammenzuführen und dann als eine Art Aufzählung auszugeben als sinnvoller. Allerdings handelt es sich bei den Spalten, die Aufzählungen enthalten können nicht um Zahlenwerte, sondern um Zeichenketten, in dieser Datenbank um Varchar-Werte Diese Zeichenketten lassen sich zwar ohne weiteres über Spalten hinweg innerhalb einer Zeile durch eine Addition zusammenfügen. Dies ist aber über mehrere Zeilen hinweg so nicht möglich. Daher muß man sich eines anderen Weges bedienen. Man muß ein Abfragebatch entwickeln, das mit Hilfe einer Art Schleife diese Aufgabe erledigt. Da in der Vorlesung so etwas nicht behandelt wurde, war ich an diesem Punkt auf die Hilfefunktion von SQL Server und das Internet angewiesen. Als Ausgangspunkt für den unten stehenden SQL-Code diente mir ein Abfragebatch, welches aus einem Newgroupbeitrag im Internet[1] stammt. Es wurde dann von mir an die Bedürfnisse der Abfrage angepaßt. Die Abfragen für die Aufgaben 4 bis 6 sind in den folgenden Dateien zu finden:

- Aufgabe 4 → Abfrage_alles.sql

- Aufgabe 5 →Abfrage_scheer.sql

- Aufgabe 6 → Abfrage_geschaeftsprozess.sql

Nachdem man mit dem SQL-Code aus der Datei sichten_anlegen.sql

```
CREATE VIEW Autoren_View
AS
SELECT DISTINCT nachname + ',' + vorname AS Autor, biblkurz, titel
FROM Bibliothek.dbo.Buch_Autoren
```

die View Autoren_View angelegt hat, kann man den unten stehenden SQL-Code aus Abfrage_alles.sql ausführen

```
1    USE Bibliothek
2    GO

-- Autoren
3    CREATE TABLE #tmp_autoren(
4    titel varchar(100) not null,
5    biblkurz varchar(10) not null,
6    Liste varchar(2000) )

7    DECLARE @ID1 varchar(100)
8    DECLARE @ID2 varchar(10)
9    DECLARE @Liste varchar(2000)

10   DECLARE WerteEinsammeln CURSOR LOCAL FAST_FORWARD
11   FOR
12   SELECT titel, biblkurz
13   FROM autoren_view
14   GROUP BY titel, biblkurz

15   OPEN WerteEinsammeln
```

---

[1] Newsgroupbeitrag von Roland Bialas

```
16   FETCH NEXT FROM WerteEinsammeln INTO @ID1, @ID2

17   WHILE @@FETCH_STATUS = 0
18   BEGIN

19   SET @Liste = ''

20   SELECT @Liste = @Liste + ';' + autor
21   FROM autoren_view
22   WHERE (titel = @ID1 AND biblkurz = @ID2)

23   INSERT INTO #tmp_autoren(titel, biblkurz, Liste)
24   SELECT @ID1, @ID2, Substring(@Liste, 2, 2000)

25   FETCH NEXT FROM WerteEinsammeln INTO @ID1, @ID2

26   END

27   CLOSE WerteEinsammeln
28   DEALLOCATE WerteEinsammeln

--Buch_Select_Begriffe
29   CREATE TABLE tmp_SelectBegriffe(
30   titel varchar(100) not null,
31   biblkurz varchar(10) not null,
32   begriff varchar(200) not null
33   )
34   GO

35   INSERT INTO tmp_SelectBegriffe(titel, biblkurz, begriff)
36   SELECT titel, biblkurz, begriff
37   FROM Bibliothek.dbo.Buch_SelectBegriffe
38   GO

39   CREATE TABLE #tmp_SelectBegriffe(
40   titel varchar(100) not null,
41   biblkurz varchar(10) not null,
42   Liste varchar(2000)
43   )
44   DECLARE @ID1 varchar(100)
45   DECLARE @ID2 varchar(10)
46   DECLARE @Liste varchar(2000)

47   DECLARE WerteEinsammeln CURSOR LOCAL FAST_FORWARD
48   FOR
49   SELECT titel, biblkurz
50   FROM tmp_SelectBegriffe
51   GROUP BY titel, biblkurz

52   OPEN WerteEinsammeln
53   FETCH NEXT FROM WerteEinsammeln INTO @ID1, @ID2

54   WHILE @@FETCH_STATUS = 0
55   BEGIN

56   SET @Liste = ''

57   SELECT @Liste = @Liste + '; ' + begriff
58   FROM tmp_SelectBegriffe
59   WHERE titel = @ID1 AND biblkurz = @ID2

60   INSERT INTO #tmp_SelectBegriffe(titel, biblkurz, Liste)
61   SELECT @ID1, @ID2, Substring(@Liste, 2, 2000)

62   FETCH NEXT FROM WerteEinsammeln INTO @ID1, @ID2

63   END

64   CLOSE WerteEinsammeln
65   DEALLOCATE WerteEinsammeln

-- Suchbegriffe
66   CREATE TABLE tmp_Suchbegriff(
67   titel varchar(100) not null,
68   biblkurz varchar(10) not null,
69   suchbegriff varchar(200) not null
70   )
71   GO
```

```
72  INSERT INTO tmp_Suchbegriff(titel, biblkurz, suchbegriff)
73  SELECT titel, biblkurz, suchbegriff
74  FROM Bibliothek.dbo.Buch_Suchbegriff
75  GO

76  CREATE TABLE #tmp_Suchbegriff(
77  titel varchar(100) not null,
78  biblkurz varchar(10) not null,
79  Liste varchar(2000)
80  )
81  DECLARE @ID1 varchar(100)
82  DECLARE @ID2 varchar(10)
83  DECLARE @Liste varchar(2000)

84  DECLARE WerteEinsammeln CURSOR LOCAL FAST_FORWARD
85  FOR
86  SELECT titel, biblkurz
87  FROM tmp_Suchbegriff
88  GROUP BY titel, biblkurz

89  OPEN WerteEinsammeln
90  FETCH NEXT FROM WerteEinsammeln INTO @ID1, @ID2

91  WHILE @@FETCH_STATUS = 0
92  BEGIN

93  SET @Liste = ''

94  SELECT @Liste = @Liste + '; ' + suchbegriff
95  FROM tmp_Suchbegriff
96  WHERE titel = @ID1 AND biblkurz = @ID2

97  INSERT INTO #tmp_Suchbegriff(titel, biblkurz, Liste)
98  SELECT @ID1, @ID2, Substring(@Liste, 2, 2000)

99  FETCH NEXT FROM WerteEinsammeln INTO @ID1, @ID2

100 END

101 CLOSE WerteEinsammeln
102 DEALLOCATE WerteEinsammeln

-- Titelherausgeber
103 CREATE TABLE tmp_TitelHerausgeber(
104 titel varchar(100) not null,
105 biblkurz varchar(10) not null,
106 herausgeber varchar(200) not null
107 )
108 GO

109 INSERT INTO tmp_TitelHerausgeber(titel, biblkurz, herausgeber)
110 SELECT titel, biblkurz, nachname + ' ' + vorname AS herausgeber
111 FROM Bibliothek.dbo.TitelHerausgeber
112 GO

113 CREATE TABLE #tmp_TitelHerausgeber(
114 titel varchar(100) not null,
115 biblkurz varchar(10) not null,
116 Liste varchar(2000)
117 )
118 DECLARE @ID1 varchar(100)
119 DECLARE @ID2 varchar(10)
120 DECLARE @Liste varchar(2000)

121 DECLARE WerteEinsammeln CURSOR LOCAL FAST_FORWARD
122 FOR
123 SELECT titel, biblkurz
124 FROM tmp_TitelHerausgeber
125 GROUP BY titel, biblkurz

126 OPEN WerteEinsammeln
127 FETCH NEXT FROM WerteEinsammeln INTO @ID1, @ID2

128 WHILE @@FETCH_STATUS = 0
129 BEGIN

130 SET @Liste = ''
```

```
131 SELECT @Liste = @Liste + '; ' + herausgeber
132 FROM tmp_TitelHerausgeber
133 WHERE titel = @ID1 AND biblkurz = @ID2

134 INSERT INTO #tmp_TitelHerausgeber(titel, biblkurz, Liste)
135 SELECT @ID1, @ID2, Substring(@Liste, 2, 2000)

136 FETCH NEXT FROM WerteEinsammeln INTO @ID1, @ID2

137 END

138 CLOSE WerteEinsammeln
139 DEALLOCATE WerteEinsammeln

-- Abfrageergebnis ausgeben
140 SELECT a.biblkurz, a.bibltyp, LTRIM(c.liste) AS 'select', b.liste AS Autor, a.titel, f.refkurz, f.hgtitel, g.nachname
        + ' ' + g.vorname AS herausgeber, a.auflage, LTRIM(d.liste) AS Suchbegriffe, h.ortcode, i.ort, a.jahr, a.nummer,
        a.absnr, a.seite, a.bemerkungen
141 FROM Buch AS a
142 LEFT OUTER JOIN #tmp_autoren AS b
143 ON a.titel = b.titel AND a.biblkurz = b.biblkurz
144 LEFT OUTER JOIN #tmp_SelectBegriffe AS c
145 ON a.titel = c.titel AND a.biblkurz = c.biblkurz
146 LEFT OUTER JOIN #tmp_Suchbegriff AS d
147 ON a.titel = d.titel AND a.biblkurz = d.biblkurz
148 LEFT OUTER JOIN #tmp_TitelHerausgeber AS e
149 ON a.titel = e.titel AND a.biblkurz = e.biblkurz
150 LEFT OUTER JOIN Hgtitel AS f
151 ON a.titel = f.titel AND a.biblkurz = f.biblkurz
152 LEFT OUTER JOIN TitelHerausgeber AS g
153 ON a.titel = g.titel AND a.biblkurz = g.biblkurz
154 LEFT OUTER JOIN Ort AS h
155 ON a.titel = h.titel AND a.biblkurz = h.biblkurz
156 LEFT OUTER JOIN Bibliothek.dbo.Ort AS i
157 ON (a.biblkurz = i.biblkurz AND a.titel = i.titel)
158 ORDER BY a.biblkurz

-- die temporären Tabellen wieder löschen
159 DROP TABLE #tmp_autoren
160 GO
161 DROP TABLE #tmp_SelectBegriffe
162 GO
163 DROP TABLE tmp_SelectBegriffe
164 GO
165 DROP TABLE #tmp_Suchbegriff
166 GO
167 DROP TABLE tmp_Suchbegriff
168 GO
169 DROP TABLE #tmp_TitelHerausgeber
170 GO
171 DROP TABLE tmp_TitelHerausgeber
172 GO
```

16

Als Ergebnis der Abfrage erhält man folgende Bildschirmausgabe:

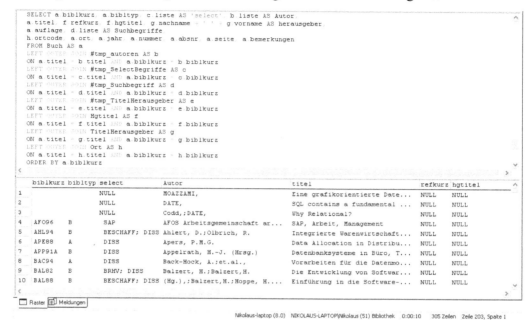

Screenshot 5 - Ergebnis der Abfrage Abfrage_alles.sql

Für eine Abfrage, die sämtliche Veröffentlichungen ausgibt, an denen August-Wilhelm Scheer beteiligt ist, muß die Select-Anweisung in Zeile 140-156 um eine Where-Klausel erweitert werden.

```
WHERE (LOWER(b.liste) LIKE '%scheer%' AND LOWER(b.liste) LIKE '%a.-w.%')
OR (LOWER(g.nachname) LIKE '%scheer%' AND LOWER(g.vorname) LIKE '%a.-w.%')
```

Die Where-Klausel muß zwischen Zeile 155 und 156 eingefügt werden.

Als Ergebnis erhält man folgende 8 Zeilen als Bildschirmausgabe:

Screenshot 6 - Ergebnis der Abfrage Abfrage_scheer.sql

17

Zur Lösung der Aufgabe 6, die Auswahl aller Einträge mit dem Stichwort „Geschäftprozeß", muß zwischen Zeile 155 und 156 folgende Where-Klausel eingefügt werden:

```
WHERE (LOWER(d.liste) LIKE '%geschäftsprozeß%')
```

Das Ergebnis ist folgende Bildschirmausgabe mit 32 Zeilen:

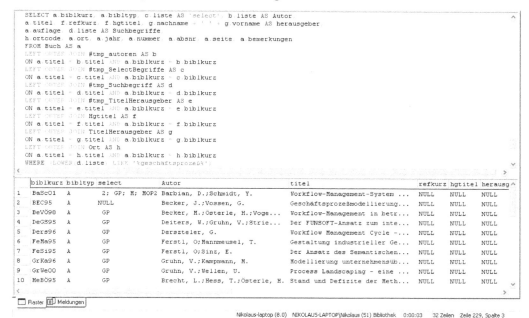

Screenshot 7 - Ergebnis der Abfrage Abfrage_geschaeftsprozess.sql

Die Ergebnisse dieser optisch besseren Abfragen sind in den Dateien

- Abfrage_alles.csv,

- Abfrage_scheer.csv und

- Abfrage_geschaeftsprozess.csv

zu finden, die sich alle auf der dieser Dokumentation beiliegenden CD befinden und problemlos mit Excel betrachtet werden können.

4   Die .sql Dateien

Hier noch eine Auflistung in welcher Reihenfolge die .sql-Dateien auf der beiliegenden CD abgearbeitet werden müssen.

1. Datenbank_anlegen.sql
2. Tabellen_anlegen.sql
3. Daten_importieren.sql
4. Tabellen_fuellen.sql
5. Sichten_bibliothek.sql
6. Abfrage_alles_lang.sql
7. Abfrage_scheer_lang.sql
8. Abfrage_geschaeftsprozess_lang.sql

9. Sichten_anlegen.sql
10. Abfrage_alles.sql
11. Abfrage_scheer.sql
12. Abfrage_geschaeftsprozess.sql

Die Punkte 9 bis 12 beziehen sich auf die Abfragen unter Punkt 3.4.1 Ein optisch schöneres Abfrageergebnis

I. Literaturverzeichnis

Matthiesen, Günther; Unterstein, Michael: Relationale Datenbanken und SQL,
2. aktualisierte Auflage, Addison-Wesley Verlag 2000

Roland Bialas Newsgroup Beitrag: text felder zusammenführen/gruppieren
http://groups.google.de/groups?hl=de&lr=&ie=UTF-
8&threadm=O1WSoBwODHA.2768%40tk2msftngp13.phx.gbl&rnum=1
9&prev=/groups%3Fq%3Dzeilen%2Bzusammenfassen%2Bsql%26start
%3D10%26hl%3Dde%26lr%3D%26ie%3DUTF-
8%26selm%3DO1WSoBwODHA.2768%2540tk2msftngp13.phx.gbl%26
rnum%3D19

II. Abbildungsverzeichnis

Alle Screenshots befinden sich auch als Jpg-Dateien auf der beiliegenden CD.

III. Eidesstattliche Versicherung

„Ich versichere, daß ich diese Arbeit selbständig angefertigt und alle von mir genutzten Quellen und Hilfsmittel angegeben habe. Ich habe diese Arbeit keiner anderen Prüfungsbehörde oder Person im Rahmen einer Prüfung vorgelegt."

Frankfurt am Main, den 29. Juli 2003

_____